제자훈련 2.0 Ⅱ

온전한 제자의 교리

제자훈련 2.0 | 오정현 지음

온전한 제자의 교리

II

온전한 제자가 되라

한국교회에 교회 중심의 제자훈련 사역이 접목되기 시작한 지 30년이 더 지났다. 이 기간 동안 마치 한국 경제의 압축성장처럼, 제자훈련 사역도 개념적으로나 훈련 방식에 있어 다양한 시행착오를 거치면서 많은 성장과 변화를 겪었다. 한국교회와 성도들에게 제자훈련은 개념은 물론 용어 자체가 낯설었다. 그래서 지난 수십 년은 평신도를 깨우기 위해 "왜 제자훈련이 필요한가?"라는 질문을 지속적으로 던지면서, 제자훈련의 필요성에 대해 집중했던 시간이었다. 그 결과 반세기 전만 해도 낯설었던 제자훈련이라는 말은 이제 한국교회에서 일상어처럼 사용되고 있고, 때로는 너무도 익숙해서 진부하게 들릴 정도가 되었다. 이제는 누구도 제자훈련의 필요성에 대해서 주저하거나 의문을 갖는 경우는 없다고 해도 결코 지나치지 않을 것이다.

제자도의 수준을 한 단계 더 상향조정 해야 할 때

제자훈련을 통해 우리가 지향해야 할 지상목표는 예수님을 닮은 온전한 제자가 되는 것이다. 예수님을 닮는 것이 제자훈련의 처음이요 마지막이다. 예수님을 닮는다는 것은 예수님처럼 생각하고, 예수님처럼 느끼고, 예수님처럼 행동하는 것이다. 여기서 벗어나는 것은 모두 사이비(似而非)라고 할 수 있다. 그 사람의 생각과 말과 행동에서 예수님을 느낄 수 있다면 그것이야말로 성공한 제자훈련이다.

그렇다면 예수님을 닮는 제자훈련이란 무엇인가? 내 삶이 예수님을 증거하는 것이다. 가정에서, 교회에서, 직장에서, 사회에서 "예수님이 설명되는 인생", "예수님이 주어가 되는 인생"을 사는 것이 예수님을 증거하는 것이요 제자훈련의 목적이다. 이 교재는 이것을 목표로 삼고 있다. 어떤 장소, 어떤 경우에도 삶 자체에서 예수님이 설명되는 인생에 집중하고 있다.

그렇다면 예수님을 증거하는 인생, 예수님이 설명되는 삶을 위해서 요구되는 것은 무엇인가? 예수님처럼 전인격적인 온전함을 생활 속에서 실현하는 것이다. 첫째는 사고(생각과 지성)의 온전함이다. 훈련을 지원하면 뭔가 된 줄로 알고, 자아가 실현된 줄 아는 사람들이 있다. 그러나 제자훈련은 사고의 충족이 아니라 니고데모처럼 사고의 거듭남이 우선되어야 한다. 두 번째로 감정의 온전함이다. 교회에서는 괜찮은 것 같은데 성격적으로 사회에서나 집안에서는 존중 받지 못하는 경우가 있다. 훈련을 통해 예수님의 마음에 접붙임됨으로 갈

등과 상처의 치유자로 중심에 서야 한다. 세 번째로 의지의 온전함이다. 열매 맺는 결단이 있어야 한다. 도전(Challenge)만 받으면 안 된다. 변화(Change)되어야 한다. 네 번째로, 관계의 온전함이다. 말 한마디 표정 하나에 빚진 자의 용서와 사랑이 녹아지고 드러나야 한다. 마지막으로 행실의 온전함이다. 제자훈련 받은 자의 행실의 절대 기준은 세례 요한처럼 오직 예수님의 이름이 높아지고, 하나님의 나라가 세워지느냐에 달려 있다. 사고나 감정, 의지는 내면의 문제이다. 관계와 행실은 외적으로 드러나는 부분이다. 이것이 균형을 잡아야 한다. 그래야 예수님을 닮은 온전한 제자가 될 수 있다.

완벽한 사람은 없다. 어떤 사람도 다섯 가지가 조화된 사람은 없다. 그러나 지혜로운 사람은 부족한 것을 채우려고 한다. 제자훈련이란 그 온전함의 고봉(高峰)을 향해 진력(盡力)하는 과정이다.

값을 치러야 할 때

은혜는 주님이 값없이 주시는 것이지만, 진짜 은혜는 은혜에 빚진 자로서 자원하는 종이 되어 값을 치를 때 받는 것이다. 값을 치르는 삶은 제자훈련의 진리이다. "하나님이 시시하지 않은 것처럼 우리도 시시하지 않고, 하나님이 위대하신 것처럼 우리도 위대하다"가 진정한 신앙고백이 되려면 예수님의 제자로서 먼저 값을 치르는 삶을 살아야 한다. 열매 없는 일에 투자를 중단하고 열매 맺는 삶을 위해 자신을 내어놓고 희생하는 것이 값을 치르는 것이다. 예수님의 삶이 그러했듯이 진리와 가치를 위해 생명을 거는 것은 제자훈련생의 숙명이다.

주님의 일에는 무임승차가 없다. 제자훈련의 가장 큰 적은 졸속(拙速)이다. 마귀는 지금 당장 돌을 가지고 떡을 만드는 속성과를 추천한다. 그러나 하나님은 기다림을 통해 하나님만을 진실되게 신뢰하는 법을 배우게 하시는 것이다. 당장 응답된다면 왜 믿음이 필요하겠는가? 하나님은 우리의 값을 치르는 삶을 통해 그의 백성으로 테스트하시고 시대의 용장으로 세워가시는 것이다.

제자의 길은 십자가를 통한 자기부인(自己否認)이지 자아실현(自我實現)이 아니다. 제자훈련은 자아실현이 아니라 자기부인을 통해 예수님처럼 되고(being) 예수님처럼 사는 것(doing)이다. Being과 Doing이 균형 잡혀야 한다.

많은 사람들이 선지자적 비관론에 사로잡혀 선지자적 비판론으로 나가는 이 시대에 제사장적 책임론을 가지고 소명을 완수하는 제자훈련, 내 뜻과 내 행동의 일치를 넘어 내 생각과 하나님의 생각이 일치하는 삶을 사는 제자훈련, 예수님의 보혈 앞에서는 모든 것을 멈추고 신앙의 차렷자세를 회복하는 제자훈련이 핵심이다.

이 교재는 제자훈련생이 세속의 파고 속에서도 작은 예수로서 예수님처럼 되고, 예수님처럼 사는 것을 목표로 하고 있다. 그것은 개인적으로 제자훈련(Disciple Making Spiritual Formation)을 통해 전인격적으로 예수님을 닮아가는 영적 성숙(Spiritual Maturity)을 이루는 것이다. 교회적으로는 목자의 심정으로 감당해 가는 성육신적 제자훈련 사역을 통해 "제자들이 선교하는 교회"(Disciple Making

Mission Church)로 영적 승법번식(Spiritual Multiplication)을 이루는 것이다. 사회적으로는 훈련되고 준비된, 소명 받은 제자들을 통하여 사회적 섬김(Disciple Making Diakonia)을 감당하는 영적 공동체(Spiritual Community)를 형성하는 것이다.

이제 예수님을 닮기 위한 제자훈련이 시작된다. 결코 제자훈련 자체가 목적일 수 없다. 제자훈련을 통해 예수님을 전인격적으로 닮은 온전한 삶을 사는 것이 목표이다. 이미 치열한 영적인 전투가 시작되었다. 영적 복음의 전사의식, 영적 군인정신을 가지고, 오직 예수님만으로 설명되는 인생이 되기 위해 날마다 전진하는 사람이 되기를 바란다.

들어가며

II 온전한 제자의 교리

부록

"오직 사랑 안에서 참된 것을 하여
범사에 그에게까지 자랄지라
그는 머리니 곧 그리스도라"

에베소서 4장 15절

Ⅱ

온전한 제자의 교리

서문

Ⅰ권에서 온전한 제자가 되기 위한 기초를 다졌다면, 이제 그 기초 위에 온전한 제자의 삶을 지어 올려야 한다. Ⅱ권에서는 예수님의 온전한 제자로 살아가는 데 기둥과 같은 역할을 하는 성경 교리를 다루게 된다. 이것은 마치 건축에서 기초를 든든히 닦은 다음 그 위에 기둥을 세우는 것과 흡사하다. 기둥은 튼튼하게 잘 세워야 한다. 기둥이 부실한 건물은 그 기능과 목적을 제대로 감당해내지 못한다. 그러기에 건물에서 기둥은 기초 못지 않게 중요하다.

"온전한 제자의 교리"라는 제목으로 만나게 될 Ⅱ권을 통해 성경의 진리를 알아가는 기쁨을 누리며, 그 진리를 따라 예수님의 온전한 제자로 빚어지는 역사가 일어나기를 기대한다.

멈출 수 없는 도전은 계속된다.

1과

성경이란 무엇인가

창조주 하나님이 피조물인 우리에게 자신의 뜻을 하나씩 알려주신다는 것은 참으로 놀라운 일이다. 죄로 말미암아 영혼의 눈이 어두워진 인간은 하나님이 직접 자신을 계시해주시지 않으면 창조주 하나님께로 나아가기가 불가능하다.

그러므로 우리가 계시된 진리의 말씀을 깨닫고 그 진리를 인생이라는 건물의 기둥으로 삼는 것은 큰 복이다. 그 진리를 하나씩 우리의 마음에 담고 삶으로 따라간다는 것은 생각만 해도 가슴 벅찬 일이다. 그리스도인으로서 성경이 말하는 진리를 탐구하고 자신의 삶에 적용한다는 것은 특권이자 의무이며 또한 놓칠 수 없는 도전이다.

오늘은 먼저 "나를 따르라"고 말씀하신 예수님이 성경 곧 하나님의 말씀에 대해 어떤 태도를 취하셨는지, 성경은 왜 권위 있는 책이며, 우리에게 왜 반드시 필요한지, 우리는 성경에 대해 어떤 태도를 취해야 하는지 살펴보자.

01 우리가 따라야 하는 모범이신 예수님께서는 하나님의 말씀에 대해 어떤 태도를 취하셨는지 살펴보자.

1) 마태복음 5장 17~18절을 당신의 말로 요약해보라.

• 마태복음 5장 17~18절

2) 예수님이 말씀하신 율법과 선지자는 무엇을 의미하고, 그것을 완전하게 하신다는 것은 무슨 뜻인가?(참고 마 11:13, 마 26:54)

• 마태복음 11장 13절

• 마태복음 26장 54절

3) 성경을 대하는 당신의 모습을 예수님의 태도에 비추어 돌아보고, 어떻게 해야 할지 나누어보라(참고 살전 2:13).

• 데살로니가전서 2장 13절

예수님은 성경에 철저히 복종하셨을 뿐 아니라(마 26:52~56), "율법의 일점 일획도 결코 없어지지 아니하고 다 이루리라"고 가르치셨다(마 5:18). 즉, 예수님은 성경 말씀이 절대 권위를 지니고 있다는 것을 분명하게 보여주셨다.

1) 다음 성경 구절들을 간략히 요약하고, 성경이 절대 권위를 가진 하나님의 말씀인 이유를 찾아 정리하라.

• 출애굽기 34장 28절

• 베드로전서 1장 12절

2) 성경은 하나님의 계시이며 따라서 절대 권위를 갖는다. 성경이 계시라는 이 중요한 사실이 당신에게 어떤 의미로 다가오는지 나누어보라(참고 막 7:7).

• 마가복음 7장 7절

03

하나님의 계시인 성경은 선지자들과 사도들, 즉 사람에 의해 기록되었지만 오류가 없는 하나님의 말씀이요 진리이다. 그 근거와 성경이 우리에게 주는 유익을 디모데후서 3장 15~17절을 중심으로 찾아보자.

1) 성경은 우리로 하여금 "그리스도 예수 안에 있는 믿음으로 말미암아 구원에 이르는 지혜가 있게" 한다(딤후 3:15). 그렇게 말할 수 있는 이유는 무엇인가?(딤후 3:16)

• 디모데후서 3장 16절

2) 모든 성경이 하나님의 감동으로 기록되었다는 말은 무슨 의미인가? (참고 벧후 1: 21)

• 베드로후서 1장 21절

3) 하나님의 감동으로 기록된 성경은 성도의 신앙생활에 어떤 역할을 감당하는가? 당신은 성령의 영감으로 기록된 말씀을 통해 이런 은혜를 누리고 있는가?(딤후 3:17)

• 디모데후서 3장 17절

04

성경은 하나님의 계시이며 하나님의 감동으로 기록된 하나님의 말씀이기 때문에 절대 권위를 지닌다. 성경에 대하여 우리가 취해야 할 태도는 무엇인지 정리해보자.

1) 인간에게 절대적으로 필요한 성경에 대하여 우리가 취해야 할 태도는 무엇인가?

• 시편 119편 33절

• 요한계시록 1장 3절

2) 당신은 여호와 하나님께 주의 율례들의 도를 배운다는 엄중함을 가지고 하나님의 말씀을 읽고, 듣고, 지키고 있는가?

05

우리는 지금까지 성경은 하나님께서 인간에게 자신을 나타내신 계시요 성령의 영감을 받은 사람들이 기록한 하나님의 말씀이라는 사실을 배웠다. 당신도 성경이 절대 권위를 가진 하나님의 말씀이라는 사실에 흔들림 없는 확신과 소망을 가지고 있는가? 그 확신과 소망이 앞으로 받게 될 제자훈련에 어떤 영향을 줄 것이라고 생각하는가?

"그들이 주의 법을 지키지 아니하므로 내 눈물이 시냇물같이 흐르나이다"(시 119:136). 이 슬픔은 시인의 슬픔이지만 주님의 슬픔이기도 하다. 하나님의 말씀을 하찮게 여기고 무시해 버리는 사람들의 모습을 보면서 하나님을 아는 자들이 갖는 아픔이다.

앞서 간 믿음의 사람 예레미야 선지자는 하나님의 말씀이 무시되는 상황을 보면서 비통에 잠겨 눈물의 사람이 되었고(렘 9:1, 18), 신약의 사도 바울도 십자가의 진리를 거스르는 세상 때문에 눈물의 사람이 되었다(빌 3:18). 시인, 선지자, 사도가 눈물을 흘릴 수 밖에 없는 상황은 성경 역사에만 국한되지 않는다. 하나님의 말씀을 무시하고 거부하는 모습은 지금 우리 시대에도 팽배하다.

이 과를 통해 하나님의 진리인 성경 말씀을 대하시는 예수님의 태도를 확인했다. 우리는 이제 어떤 자세를 취해야 하는가? 목숨보다 소중한 생명의 말씀에 대한 확신뿐 아니라 이 말씀이 우리에게 주어진 것을 마음 다해 감사해야 한다. 그리고 하나님의 말씀을 알고, 그 말씀을 따르는 믿음의 경주를 기꺼이 감당해야 한다.

2과

하나님은 누구신가

제자의 길을 가는 데 있어 믿음의 대상이신 하나님을 아는 것만큼 중요한 것은 없다. 성경은 끊임없이 하나님이 어떤 분이신지 말씀한다. 그럼에도 인간은 말씀을 경청하지 않고 하나님을 오해하거나 왜곡한다. 당신은 하나님을 얼마나 알고 있는가?

사울은 영예롭게도 이스라엘의 첫 번째 왕으로 세움 받았지만 결국에는 백성을 두려워하여 하나님의 말씀을 청종하지 않았다. 이때 사무엘은 사울이 하나님을 '순종보다 제사를 더 좋아하시는 분'으로 잘못 알고 있다고 책망했다(삼상 15:22). 하나님에 대한 잘못된 지식은 결국 잘못된 행동을 초래하고 말았다.

하나님에 대한 바른 지식이 없으면 예수님의 제자의 길을 가는 것은 물론 초보적인 신앙생활조차 바르게 해나갈 수 없다. 하나님을 아는 것과 그리스도인으로 살아가는 것은 불가분의 관계이다. 오늘 이 과를 통해 하나님에 대한 오해를 바로잡고, 하나님이 어떤 분이신지 분명하게 알아가는 시간을 갖도록 하자.

01

하나님을 바르게 아는 것은 우리의 신앙생활에 커다란 영향을 끼친다. 출애굽기 32장 1~4절을 통해 하나님을 잘 알지 못할 때 어떻게 될 수 있는지 확인해보자.

1) 출애굽기 32장 1~4절을 읽고 간단하게 정리해보라.

• 출애굽기 32장 1~4절

2) 하나님의 능력으로 홍해를 건너고 하나님의 인도함을 따라 시내 산까지 온 이스라엘 백성이었지만 놀랍게도 그들은 우상을 만들었다. 더 놀라운 것은 그 우상을 하나님이라고 하며 섬긴 것이다. 이스라엘 백성의 행동으로 보아 그들은 하나님을 어떤 분이라고 생각한 것일까? 그들은 왜 하나님을 그런 분으로 생각했을까?(참고 마 22:29, 갈 4:8)

• 마태복음 22장 29절

• 갈라디아서 4장 8절

3) 지금까지 당신은 하나님을 어떤 분이라고 생각해왔는가? 이스라엘 백성의 모습을 보면서 느끼는 점을 나누어보라.

02

출애굽기 본문을 통해 우리는 하나님을 바르게 아는 것이 신앙생활에 매우 중요하다는 것을 확인했다. 성경에 계시된 하나님은 어떤 분이신지 정리해보자.

1) 이사야는 이사야 43장 1절에서 하나님을 창조자요 구원자로 소개한다. 왜 하나님은 성경 곳곳에서 자신을 창조자와 구원자로 말씀하고 있다고 생각하는가?(창 1:1, 출 6:6~7)

• 창세기 1장 1절

• 출애굽기 6장 6~7절

2) 당신은 여호와 외에 다른 신이 없고 오직 여호와 하나님만이 창조자요 구원자시라는 사실을 성경이 말씀하는 그대로 믿고 인정해왔는가?

03

하나님이 어떤 분이신지를 일반적으로 하나님의 속성으로 표현한다. 성경은 하나님의 속성에 대하여 다양하게 말하는데, 다음의 성경 본문에서 발견할 수 있는 하나님의 속성이 무엇인지 찾아보자.

1) 다음 성경 본문들에 드러난 하나님의 속성은 무엇인가?

- 예레미야 23장 23~24절

- 시편 139편 1~2절

- 요한계시록 16장 7절

• 역대상 29장 11~12절

2) 성경에서 찾은 하나님의 속성 가운데 당신에게 가장 크게 다가오는 것은 무엇이며, 그 이유는 무엇인지 나누어보라.

3) 특별히 하나님이 누구이신지 깊이 알았던 다윗은 하나님을 송축할 수 밖에 없었다(대상 29:10). 하나님을 향한 다윗의 태도에 대하여 묵상하고, 창조자이시고 구원자이신 만물의 주권자 하나님을 향한 당신의 태도를 돌아보라(참고 사 43:21, 엡 1:6).

• 이사야 43장 21절

• 에베소서 1장 6절

04

이 과에서 당신이 깨닫게 된 하나님은 어떤 분이신지 당신의 말로 정리해 보라. 하나님을 바로 알게 될 때 당신에게 구체적으로 어떤 변화가 일어나야 하는지 생각해보고, 신명기 10장 12~13절을 읽고 나서 결단해보라.

• 신명기 10장 12~13절

"그러므로 우리가 여호와를 알자 힘써 여호와를 알자 그의 나타나심은 새벽 빛같이 어김없나니 비와 같이, 땅을 적시는 늦은 비와 같이 우리에게 임하시리라 하니라"(호 6:3).

"비록 무화과나무가 무성하지 못하며 포도나무에 열매가 없으며 감람나무에 소출이 없으며 밭에 먹을 것이 없으며 우리에 양이 없으며 외양간에 소가 없을지라도 나는 여호와로 말미암아 즐거워하며 나의 구원의 하나님으로 말미암아 기뻐하리로다"(합 3:17~18).

하나님을 어떤 분으로 아느냐가 결국 이스라엘 백성의 삶을 판가름했다. 하나님을 아는 것은 교양을 쌓는 것에 비할 수 없다. 하나님을 아는 지식은 취미나 관심에 따라 알아도 되고 몰라도 되는 것이 아니다. 하나님을 아는 것은 우리의 생명과 직결되고 그에 따라 우리의 신앙생활이 좌우된다. 그래서 우리는 힘써 하나님을 알아야 하고, 주님 앞에 가는 그 순간까지 하나님 때문에 기뻐해야 한다. 하나님을 아는 것은 우리를 더욱 겸손하게 하고, 더욱 회개하게 하며, 하나님의 은총만 의지하게 한다. 그리스도의 제자란 바로 이런 은혜에 목마른 자이다.

3과

성경이 말하는 인간 이해

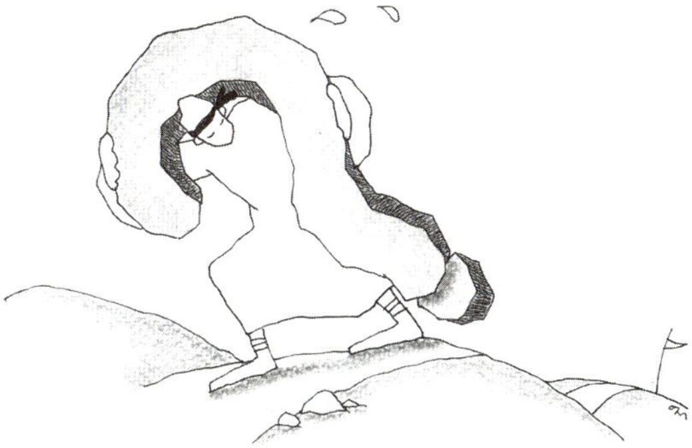

"나는 누구인가" 하는 질문은 우리에게 가장 근원적인 문제이다. 사람은 누구나 이 질문을 할 수밖에 없다. 그리고 그 대답에 따라 삶이 달라진다. 어떤 면에서 인간의 역사는 내가 누구인지 찾아가는 과정이기도 하다. 하지만 그 어디에서도 이 질문에 대한 명쾌한 답을 찾을 수 없다.

그런데 성경은 "나는 누구인가" 하는 질문에 대해 "인간은 모든 피조물 가운데 가장 고귀한 존재"라고 분명하게 말씀하고 있다. 창세기 1장에 기록된 창조 순서를 보아서도 분명하게 알 수 있고, "하나님이 지으신 그 모든 것을 보시니 보시기에 심히 좋았더라"(창 1:31)는 하나님의 선언을 통해서도 분명하게 드러난다. 그러나 성경은 또한 모든 사람이 죄를 범했고 사망에 이르렀다고도 말씀한다(롬 3:23).

우리는 과연 인간을 어떻게 이해해야 하는가? 이번 과를 통해 인간이 어떤 존재인지 살펴보고 인간은 어떻게 살아가야 하는지 깨닫는 시간을 갖도록 하자.

01

성경은 인간의 기원과 존재의 이유에 대해 그 어떤 종교나 학문보다 더 명확하게 말한다. 창세기 1~2장을 중심으로 찾아보자.

1) 창세기 1장 27절과 2장 7절은 인간의 기원에 대해 말하고 있다. 그 내용과 의미는 무엇인가?

• 창세기 1장 27절

• 창세기 2장 7절

2) 이 말씀에 근거해서 볼 때 인간은 하나님 없이는 존재할 수조차 없다. 인간은 원래 자신을 어떤 존재로 이해해야 옳은가?(참고 전 12:7, 행 17:28a)

• 전도서 12장 7절

• 사도행전 17장 28a절

3) 성경은 인간 존재의 이유 곧 창조의 목적에 대해 무엇이라고 말씀하는가? 그리고 그 의미는 무엇인가?(창 1:26, 28)

• 창세기 1장 26절

• 창세기 1장 28절

4) 성경은 사람이 하나님과의 관계 속에서 존재하게 되었다고 말씀한다. 이러한 성경의 인간 이해에 대해 당신은 어떻게 생각하는가?(참고 욥 12:10)

• 욥기 12장 10절

02

인간은 하나님의 형상으로 지음 받았기 때문에 하나님과의 관계 속에 있는 놀라운 존재이다. 그런데 성경은 인간의 타락 이후 현재 상태에 대해서도 명확하게 말씀하고 있다.

1) 로마서 1장 28~32절은 인간의 현재 상태에 대하여 무엇이라고 말하고 있는지 간단히 정리해보라.

• 로마서 1장 28~32절

2) 인간이 하나님의 형상을 따라 지음 받았음에도 불구하고 마음에 하나님 두기를 싫어하게 된 원인은 무엇인가?(참고 창 3:4~5, 17)

• 창세기 3장 4~5절

• 창세기 3장 17절

3) 성경은 인간이 범죄함으로 말미암아 처하게 된 결과와 그 영향력에 대하여 무엇이라고 말하는가? 이 결과는 당신의 삶에 어떤 영향을 미치고 있는가?(참고 창 3:24, 롬 3:23, 5:12)

- 창세기 3장 24절

- 로마서 3장 23절

- 로마서 5장 12절

4) 인간은 하나님의 형상으로 지음 받았지만 범죄함으로 말미암아 하나님과의 관계 단절이라는 죽음에 이르게 되었다. 당신은 인간에 대한 성경의 정의를 얼마나 실감하고 있는지 나누어보라.

03

인간은 하나님의 형상으로 창조되었지만 죄로 인해 비천하고 비참한 존재가 되었다. 그런데 이 절망적인 인간에게 성경은 위대한 소망의 말씀을 주신다.

1) 범죄로 인해 단절된 관계 가운데 있는 인간을 향한 하나님의 마음은 무엇인가?(참고 렘 31:33, 롬 8:14~15)

- 예레미야 31장 33절

- 로마서 8장 14~15절

2) 하나님은 타락한 인간이 어떤 존재가 되기를 원하시는가?(참고 고후 5:17~19)

- 고린도후서 5장 17~19절

3) 하나님은 새로운 피조물로서 하나님과 화목하게 된 자들에게 화목하게 하는 직분과 말씀을 주셨다. 죄인을 향한 이와 같은 하나님의 계획에 대하여 당신은 무엇을 느끼는가?

오늘 다룬 내용을 통하여 새롭게 깨닫게 된 것은 무엇인가? 성경이 말하는 인간 이해를 통해 당신의 삶 속에 일어나야 하는 변화는 무엇인지 나누어보라.

일반적으로 비싼 물건일수록 사용설명서를 잘 참고할 필요가 있다. 설명서를 꼼꼼히 읽는 것이 번거로울 수 있지만 그것이 제품을 바르게 사용할 수 있는 지름길이다. 귀찮다고, 나도 어느 정도는 안다고 섣불리 판단한 채 설명서를 던져버리고 내 맘대로 제품을 사용하다가는 제대로 사용하지도 못하고 망가뜨릴 수도 있다.

아무리 비싼 물건이라 할지라도 인간보다 소중할까! 그렇지만 인간은 지어진 목적이 분명히 있다. 오늘 과를 통하여 우리는 내가 어떤 존재인지, 무엇을 위해 지음 받았는지, 내 소망의 근거가 무엇인지를 명확히 깨닫게 되었다. 남은 문제는 지음 받은 목적대로, 인생 사용설명서대로 살아가는 것이다.

우리가 왜 존재하는지, 어떻게 살아야 하는지 깨달았다는 것은 돌아갈 수 없는 강을 건넌 것이다. 그러므로 우리는 오늘도 예수 그리스도의 제자로 살아가기 위해 죄 된 본성과 씨름해야 한다. 우리 속에 그리스도의 형상이 이루어지는 날을 소망하며 예수님의 온전한 제자의 길을 걸어가야 한다.

4과

유일한 구원자 예수 그리스도

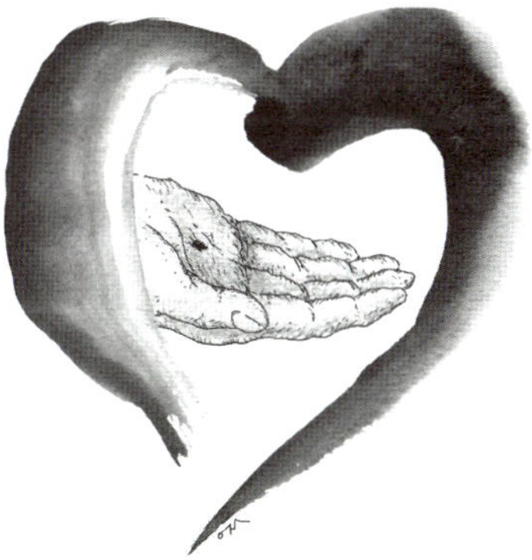

예수님은 누구신가? 어떤 이들은 예수님을 존경하는 성자 중 하나로 여긴다. 또 다른 이들은 예수님을 전설과 신화 속의 인물 정도로 생각한다. 예수님은 누구신지에 대한 분명한 이해가 인생의 모든 것을 결정짓는다.

예수님을 정확하고 분명하게 알기 위해서는 우리의 추리나 상상이 아닌 말씀의 조명을 받아야 한다. 우리는 성경이 말씀하시는 예수님의 실체와 그분이 이루신 일을 얼마나 바르게 알고 있는가? 예수님은 인류의 역사 속에 의미 없이 갑자기 나타나신 것이 아니다. 우리는 우리 가운데 오신 예수님을 인간의 타락과 절망이라는 현실의 맥락 속에서 바라보아야 한다.

왜 예수님만이 우리의 유일한 구원자인가? 예수님은 어떻게 그 구원을 이루셨는가? 성경이 말씀하는 예수님을 더 깊이 알아갈수록 그분을 전심으로 따르는 제자의 길은 더욱 확고해질 것이다.

01 예수님의 제자라면 무엇보다 먼저 예수님이 누구이신지 정확히 알아야 한다. 예수님은 누구이신지 다음의 성경 본문에서 찾아보자.

1) 골로새서 1장 15~18절을 읽고 예수님은 어떤 분이신지 정리해보라.

- 골로새서 1장 15~18절

2) 성경은 예수님을 "보이지 아니하는 하나님의 형상이시요 모든 피조물보다 먼저 나신 이"(골 1:15)라고 말씀한다. 무슨 의미인가?(참고 요 1:1, 10:30)

- 요한복음 1장 1절

- 요한복음 10장 30절

3) 예수님은 이 땅에 오신 하나님이시다. 하나님이신 예수님에 대해 성경은 또 무엇이라고 말씀하는가?

• 요한복음 1장 14절

• 갈라디아서 4장 4절

4) 성경이 말씀하는 대로 예수님은 하나님이시면서 동시에 사람의 몸을 입고 이 땅에 오셨다. 당신은 이해하기 어려운 이 사실을 확신하는가? 당신의 확신을 설명해보라.

예수님은 하나님이시요 사람이시다. 하나님이신 예수님이 성육신하신 목적은 무엇이며, 그 목적을 어떻게 이루셨는지 찾아보자.

02

1) 골로새서 1장 19~23절을 통해 예수님이 이 땅에 오신 목적은 무엇이며, 어떻게 그것을 성취하셨는지 당신의 말로 정리해보라.

• 골로새서 1장 19~23절

2) 예수님은 십자가에서 화목제물 즉 "많은 사람의 대속물"(마 20:28)로 죽기 위해 오셨다. 그렇다면 왜 예수님의 죽음이 필요하다고 생각하는가?(참고 히 9:22, 요일 3:5)

• 히브리서 9장 22절

• 요한1서 3장 5절

3) 예수님은 우리의 죄를 대속하기 위해 죽으셨을 뿐 아니라 부활하셨다. 그런 점에서 "죽은 자들 가운데서 먼저 나신 이"(골 1:18)이신 예수님의 부활은 어떤 의미가 있는가?(고전 15:17, 롬 4:25)

- 고린도전서 15장 17절

- 로마서 4장 25절

4) 예수님의 죽음과 부활이 당신과 관계가 있다면 그 이유는 무엇이며, 어떤 의미가 있는지 생각해보고 나누라(참고 롬 6:5).

- 로마서 6장 5절

03

우리를 위해 죽으시고 부활하신 예수님은 우리에게 진정한 소망이요 생명이시다(요 11:25). 또한 예수님은 만유의 주가 되어 지금도 살아계시고 역사하신다.

1) 에베소서 1장 20~22절을 당신의 말로 정리하고, 그 의미를 찾아보라.

• 에베소서 1장 20~22절

2) 지금도 살아계시고 통치하시는 예수님의 현재성이 당신에게 어떤 의미가 있는지 찾아보고 나누라(참고 계 3:20, 골 3:1).

• 요한계시록 3장 20절

• 골로새서 3장 1절

04

참 하나님이요 참 인간이신 예수님은 우리를 위해 자신을 화목제물로 내어주셨다. 유일한 구원자이신 예수님에 대하여 깨달은 것을 당신의 신앙고백으로 정리하라. 그리고 당신의 신앙고백을 다른 사람과 나누어 보라.

주후 156년 2월 2일, 사도 요한의 제자요 당시 서머나 교회의 감독이었던 폴리갑(Polycarp, 70~156)은 자신을 잡으러 온 군인들에게 저녁식사를 대접하고 그들이 식사하는 동안 자신과 교회의 성도들을 위해 간절히 기도했다. 그리고 기꺼이 묶여 서머나의 노천극장으로 끌려갔다.

폴리갑의 죄목은 로마 황제 신상 참배 거부였다. 극장 안에는 많은 군중이 모여 있었고 굶주린 사자들이 으르렁거리고 있었다. 서머나의 로마 총독은 폴리갑에게 "지금이라도 늦지 않았으니 그리스도를 욕하고 모른다고 하라. 그리고 신상에 절하라. 그러면 내가 너를 살려주리라!"라고 말했다. 그러나 폴리갑은 조금도 두려워하지 않고 오히려 "내가 86년 동안이나 예수를 섬겼으나 그분은 나를 한 번도 배신하지 않았다. 그런데 이제 와서 나의 주님을 어찌 감히 모른다고 하고 욕하겠느냐"라고 단호히 거절했다.

십자가의 은혜와 부활의 영광을 알았던 폴리갑은 죽음 앞에서도 예수님을 부인할 수 없었다. 예수님은 우리를 위해 생명의 값을 지불하신 분이시기 때문이다. 이번 한 주간 부활 승천하셔서 지금도 우리를 다스리시는 주님 앞에 부끄럽지 않은 인생을 살아가기를 결단하고 의탁하는 기도를 드리라.

5과

가장 위대한 선물, 구원

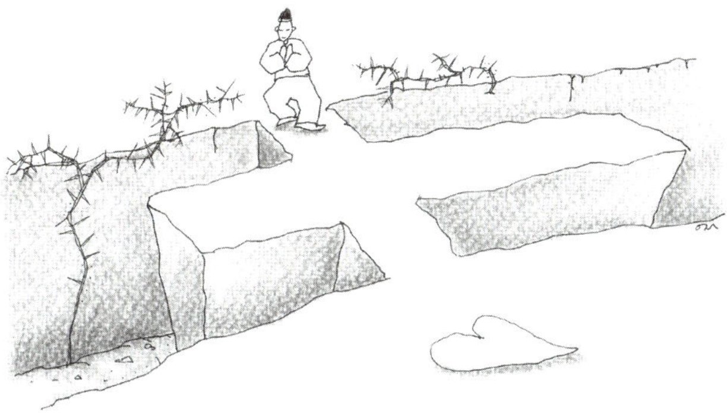

인간은 결핍의 존재다. 능력이 부족하고 지식이 부족하며 시간에 매여 있고 관계에서도 한계가 많은 가운데 살고 있다. 정신적으로, 윤리적으로 그리고 육체적으로도 한없이 약하다. 그래서 인간은 끊임없이 목마른 갈증의 존재요, 나름대로 최선을 다하지만 최악을 생산하기도 하는 모순의 존재이다.

그 근원적인 이유를 성경이 밝혀준다. 지금까지 깨달은 성경의 진리들 즉, 하나님, 인간, 예수님에 대한 가르침을 기초로, 이제 그 진리가 나 자신과 어떤 관계가 있는지 다루어야 할 때가 되었다. 바로 나의 구원 문제이다.

구원이란 과연 무엇인가? 당신은 구원자 예수 그리스도를 따르는 제자로서 자신이 받은 구원을 성경에 근거하여 설명할 수 있는가? 이 설명에는 적어도 두 가지가 포함되어야 한다. 첫째는 구원이 무엇인지를 말할 수 있어야 하고, 둘째는 어떻게 구원을 받을 수 있는지 설명할 수 있어야 한다.

어거스틴(St. Augustine)은 구원을 경험하고 나서 "인간은 주님의 품에 안기기까지는 평안이 없다"라고 고백했다. 당신은 인간에게 구원이 참으로 필요하다고 생각하는가?

01

사람들은 흔히 구원 받기 위해 신앙생활을 한다고 말하기도 한다. 그만큼 구원은 우리의 신앙생활에 중요한 문제다. 에베소서 2장을 중심으로 성경이 말씀하는 구원이란 무엇인지 살펴보자.

1) 에베소서 2장 1절과 12절에서 성경은 인간의 상태를 어떻게 보고 있는가? 인간은 스스로 구원 받을 가능성이 있다고 생각하는가?

- 에베소서 2장 1절

- 에베소서 2장 12절

2) 아담의 범죄 이후 모든 인간은 죽었고, 스스로는 죄와 죽음의 문제를 해결할 수 없는 절망의 상황, 곧 죽음에 놓이게 되었다. 인간은 구원이 필요한 존재다. 그렇다면 성경은 구원이 어떻게 가능하다고 말씀하는가?(엡 2:5, 8~9)

- 에베소서 2장 5절

- 에베소서 2장 8~9절

3) 구원은 은혜에 의하여 믿음으로 말미암아 얻은 하나님의 선물이다. 당신이 받은 구원이 오직 하나님이 주신 선물이라는 사실에 대하여 무엇을 느끼는가?

02

죄로 인해 구원의 소망이 없었던 당신은 하나님의 은혜에 의하여 믿음으로 말미암아 구원을 받았다. 디도서 3장 4~7절을 통해 하나님이 베푸신 은혜가 무엇인지 살펴보자.

1) 본문을 읽고 믿는 자가 받는 하나님의 풍성한 은혜를 정리해보라.

- 디도서 3장 4~7절

2) 하나님이 베푸신 은혜의 요소들이 구원과 어떤 관계가 있는지 연구해보라(참고 엡 1:7, 롬 6:23).

- 에베소서 1장 7절

• 로마서 6장 23절

3) 당신은 하나님의 풍성하고 전적인 은혜로 구원 받은 사실을 인정하는가? '오직 은혜'로 받은 구원이 당신에게 어떤 의미가 있는지 나누어 보라.

03

죄 때문에 구원에 이를 수 없던 우리는 하나님의 은혜에 의하여 믿음으로 말미암아 구원을 받았다. 그렇다면 구원에 이르게 하는 믿음은 무엇인지 살펴보자.

1) 인간은 어떻게 구원 즉 의롭다 함을 얻을 수 있는가?(롬 3:27~28)

• 로마서 3장 27~28절

2) 성경은 믿음으로 의롭다 함을 얻는다고 말하는데, 그렇다면 구원에 이르는 믿음은 무엇을 믿는 믿음이며, 믿음의 역할은 무엇인지 설명해보라(롬 10: 9~10, 요 1:12).

• 로마서 10장 9~10절

• 요한복음 1장 12절

3) 당신도 구원에 이르게 하는 믿음을 갖고 있는가? 지금까지 당신이 생각했던 믿음과 성경이 말하는 구원 얻는 믿음이 같은 것인지 돌아보고 나누어보라.

04

다음 성경 말씀에서 오직 은혜에 의하여 믿음으로 얻는 구원으로 인해 우리에게 일어난 변화가 무엇인지 찾아보고, 그것이 당신의 삶에 어떤 영향을 미쳤는지 로마서 5장 1절과 요한1서 5장 13절에 비추어 나누어 보라.

• 로마서 5장 1절

• 요한1서 5장 13절

성경이 말하는 구원을 이해하기 위해서는 처음부터 끝까지 '은혜'라는 말에 주목할 필요가 있다. 이 은혜란 창조주 하나님과 하나님의 형상을 따라 지음 받은 인간 사이에 존재하는 관계이다. 그 관계는 내용 없는 형식이 아니요 실체 없는 생각이 아니다. 그리고 감정 없는 기계와의 관계도 아니다. 그것은 예수 그리스도 안에서, 살아계신 하나님과 지금 이 땅에서 살아가고 있는 우리 사이에 실재하는 인격적인 관계요 이 순간에도 지속적으로 영향을 미치는 관계이다.

하나님 앞에서 죽은 자인 우리를 위해 하나님의 아들 예수님이 십자가에서 대신 죽으심으로 하나님께로 돌아가는 산 길이 새롭게 열렸다(히 10:19~20). 그래서 오직 예수 그리스도 안에만 구원이 있고 십자가만이 복음이다. 그러므로 구원은 오직 하나님의 선물이다.

예수님의 제자들은 이 십자가의 구원, 인생에게 주어진 유일하고 참된 구원을 받은 자들이며, 이 진리를 따르고 드러내도록 부름 받은 자들이다. 이 생명의 부름 앞에 당신의 모든 삶을 드려야 하지 않겠는가!

6과

성령 하나님

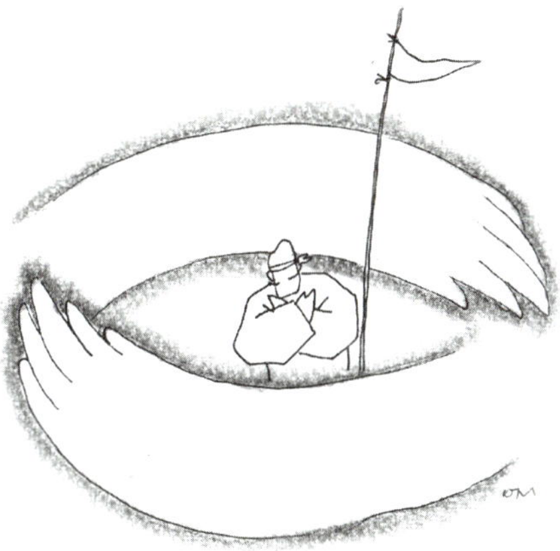

당신은 성령님을 얼마나 알고 있는가? 구원 받은 성도라면 성령과 무관할 수 없다. 그러함에도 성령님이 구원을 위해 어떻게 일하는 분이신지 잘 알지 못하는 사람이 많다.

화중지병(畵中之餠), 즉 '그림의 떡'이라는 말이 있다. '탐스럽지만 손에 넣을 수 없다'라는 뜻으로, 바라는 모습이기는 하지만 실제로 이용할 수 없거나 이루어지기 힘든 경우를 일컫는 말이다. 인간에게 구원을 주시는 예수님의 십자가 사건은 약 2천 년 전에 있었던 일이다. 성령님에 대해 잘 알지 못한다면 이 위대하고 복된 소식은 화중지병이 되고 만다.

예수님 안에서 이루어진 십자가의 구원이 실제로 나에게 이루어지도록 하시는 성령님, 나아가 믿음의 공동체 가운데 열매 맺게 하시는 성령님, 그분에 대해 궁금하지 않은가? 바로 그 성령 하나님을 성경에서 만나보기로 하자.

01

2천여 년 전에 있었던 예수님의 십자가 사건이 어떻게 지금 나의 구원과 관련이 있는가? 요한복음의 말씀을 통해 예수님을 대속의 구주로 믿게 되는 이 신비한 과정에 대해 알아보자.

1) 예수님은 니고데모와의 대화를 통해 거듭남에 대해 말씀하신다. 예수님께서는 사람이 어떻게 거듭난다고 말씀하시는가?(요 3:3~5)

• 요한복음 3장 3~5절

2) 예수님께서는 성령님께서 거듭남에 대해 하시는 일을 비유로 설명하신다. 이 비유를 통해 거듭남에 대해 알 수 있는 사실은 무엇이며, 그 의미는 무엇인가?(요 3:8)

• 요한복음 3장 8절

3) 당신은 거듭난 사람인가? 당신의 거듭남을 위해 성령께서 역사하셨음을 확신하는가? 그 확신의 근거는 무엇인가?(고전 12:3b, 요 14:26)

• 고린도전서 12장 3b절

• 요한복음 14장 26절

02

예수님을 믿고 구원 받게 하는 성령님의 사역은 단 한 번의 사건으로 끝나는 것이 아니다. 우리를 거듭나게 하신 성령님은 그 이후 어떻게 일하시는지 그리고 우리의 삶에 어떤 변화를 일으키시는지 찾아보자.

1) 거듭난 성도는 성령님과 어떤 관계 속에 있게 되는가?(고전 3:16, 요 16:13a, 갈 5:16)

• 고린도전서 3장 16절

• 요한복음 16장 13a절

• 갈라디아서 5장 16절

2) 성령님과 풍성한 관계를 맺을 때 우리 삶에는 성령의 열매가 맺힌다. 성령의 열매는 무엇이며, 각각 어떤 의미를 담고 있는지 찾아보라(갈 5:22~23).

• 갈라디아서 5장 22~23절

3) 성령의 열매를 더 풍성하고 아름답게 맺는다는 것은 성령님과 좋은 관계를 맺고 있다는 증거이다. 어떻게 하면 성령님께 더 귀를 기울이며 친밀한 관계를 맺을 수 있는가?(엡 5:18, 롬 8:12~13)

• 에베소서 5장 18절

• 로마서 8장 12~13절

4) 성령님과 좋은 관계를 맺는 데 방해되는 것은 무엇인지 돌아보고 성령님과 더 풍성한 관계를 맺기 위해 당신이 해야 할 일은 무엇인지 정리해보라.

03

우리를 거듭나게 하시고 풍성한 열매를 맺게 하시는 성령님은 우리가 홀로 신앙생활하지 않고 믿음의 공동체 속에서 다른 사람들과 더불어 신앙생활을 하도록 이끄신다. 다음의 본문을 통해 성령님이 공동체에서 하시는 일이 무엇인지 찾아보라.

1) 예수님의 제자들은 새로운 공동체를 만나게 된다. 그 공동체는 어떻게 생기게 되었고 어떤 모습을 띠는가?(행 2:44~47, 고전 12:13)

• 사도행전 2장 44~47절

• 고린도전서 12장 13절

2) 우리를 거듭나게 하신 성령님은 또한 우리 각자를 교회 공동체에 속하도록 부르셨다. 성령님은 교회 안에서 어떻게 일하시는가?(고전 12:4~7, 참고 엡 2:22)

• 고린도전서 12장 4~7절

• 에베소서 2장 22절

3) 교회를 세우시고 이끌어가시는 분은 성령 하나님이시다. 성령 안에서 하나님이 거하실 처소로 지어져가는 교회 안에서 당신은 어떤 은사와 태도로 섬겨야 할지 나누어보라.

04

이 시간 우리를 구원하시고 거룩하게 하시고 공동체로 이끄시는 성령 하나님에 대하여 배웠다. 당신이 그동안 성령님에 대하여 알고 있던 것과 오늘 배운 것을 비교하면서 느낀 것과 깨달은 점을 정리해보라. 당신의 마음에 특별하게 남는 은혜가 있다면 나누어보라.

다음 글을 읽고 성령님이 주시는 마음을 따라 기도의 제목을 찾고 함께 기도하면서 이 과를 마무리하라.

"성령님은 살아계신 인격체이시다. 그렇기 때문에 우리는 그분을 인격체로 대우해 드려야 한다. 우리는 그분이 비인격적인 힘이나 맹목적인 에너지라고 믿어서는 안 된다. 그분은 우리와 똑같이 보고 듣고 느끼신다. 그분은 우리에게 말씀하시고, 우리가 말할 때 들으신다. 우리 때문에 다른 사람들이 기뻐하거나 슬퍼하거나 침묵할 수 있듯이, 그분도 우리 때문에 기뻐하거나 슬퍼하거나 침묵하실 수 있다. 우리가 그분을 알기 위해 조금이라도 노력하면 그분은 우리의 노력에 반응하실 것이다. 우리가 그분을 만나러 가면 그분은 벌써 우리 쪽으로 절반 이상 와 계실 것이다. 우리의 위기체험은 더 큰 목적을 위한 과정이다. 더 큰 목적이란 평생 성령님과 동행하는 것이다. 즉, 그분이 우리 안에 거하시며 우리를 인도하고 가르치고 능력을 부어주시는 것이다."

– 《이것이 성령님이다》(A. W. 토저, 규장) 100쪽

성령님은 우리의 구원을 이루시고 나와 인격적으로 관계를 맺으실 뿐 아니라, 신앙의 공동체인 교회 속에서 열매 맺는 삶을 살아가도록 역사하신다. 성령 하나님에 대하여 잘 알게 되었는가? 그렇다면 당신의 구원이 교회 공동체 안에서 드러나는 성령의 열매로도 보여질 수 있어야 한다.

7과

종말론 이해

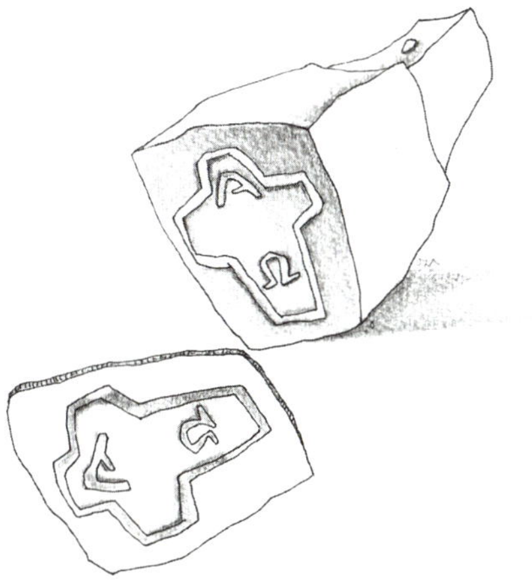

성경은 "태초에 하나님이 천지를 창조하시니라"는 말씀으로 시작한다. 하나님이 이 세상의 기초요 역사의 시작이시다. 그 하나님은 또한 이 세상이 끝이 있다고 말씀하신다. 종말이 있다는 것이다. '하나님이 세상을 창조하셨다'라는 성경의 말씀을 믿는가? 그렇다면 성경이 말씀하는 종말 역시 진리로 받아들이는 것이 당연하다.

창조만큼이나 분명한 종말에 대해 어떻게 생각하는가? 대체로 사람들은 그저 막연하게 여기거나 어려워한다. 심하게는 종말 교리를 두려워하여 회피하는 사람도 있다. 그러는 동안 종말 교리에 담긴 은혜를 놓쳐버리거나 방치하게 된다.

이 시간 주님이 가르쳐 주시는 종말의 영광스러운 은혜를 맛보고, 예수 그리스도의 온전한 제자로 살아가는 데 꼭 필요한 종말론적 신앙으로 무장하도록 하자.

01

종말에 관한 여러 가지 오해는 오늘을 사는 우리의 삶에 큰 영향을 끼친다. 그러므로 종말에 대해 바르게 이해하는 것은 매우 중요하다. 성경은 세상의 종말에 대해 어떻게 가르치고 있는가?

1) 종말에 대하여 가르치는 다음 말씀들을 읽고 간단하게 정리해보라.

- 사도행전 1장 11절

- 요한복음 5장 28~29절

2) 이처럼 성경은 분명하게 종말이 있다고 말씀하신다. 오늘날 당신 주위에 있는 사람들은 종말에 대해 어떻게 생각하고 있는가? 그리고 당신은 어떠한가?(참고 벧후 3:3~4)

- 베드로후서 3장 3~4절

성경은 종말이 있다는 것을 분명히 가르치고 있다. 종말에 관한 성경의 가르침 속에 주목해야 할 것은 무엇인지 살펴보자.

1) 종말에 대하여 말씀하는 다음 구절들이 공통적으로 가르치는 주제는 무엇인가?

- 마태복음 24장 31절

- 마가복음 13장 20절

- 누가복음 21장 28절

2) 성경은 종말을 구원에 관하여 말씀하는 문맥 속에서 언급하고 있다. 성경이 왜 종말과 구원을 연결해 이야기한다고 생각하는가?(참고 사 65:17)

- 이사야 65장 17절

3) 성경은 종말에 대한 가르침을 예수님 안에서 이루어질 구원의 완성과 관련시켜 가르치고 있다. 이와 같은 성경의 가르침은 당신이 지금까지 종말에 대해 가지고 있었던 생각에 어떤 변화를 가져오는가?

03

성경은 종말을 하나님이 이루시는 구원의 완성이라고 가르친다. 그런데 이 세상의 종말이 오기 전에 개인의 종말이 먼저 찾아올 수 있다. 아무도 피할 수 없는 개인의 종말에 대해 성경은 어떻게 말씀하고 있는지 살펴보자.

1) 다음 구절들을 통해 개인의 종말에 대해 성경이 가르치는 교훈을 찾아보라.

- 전도서 12장 7절

- 누가복음 12장 20절

2) 개인의 종말인 죽음은 언제든지 우리에게 찾아올 수 있다. 하지만 바쁜 일상 속에서 우리는 종종 자신의 죽음에 대해 생각하지 못한다. 만일 오늘 밤 주님께서 당신의 영혼을 도로 찾으신다면 당신은 예수님의 제자로서 주님을 만날 준비가 충분히 되어 있는가? 만약 준비되어 있지 않다면 그 이유는 무엇인지 생각해보라.

04

우리는 예수님의 재림으로 완성될 이 세상의 종말이나 언제든지 다가올 수 있는 개인의 종말을 맞이해야 하는 예수님의 제자들이다. 우리는 지금 이 세상 속에서 어떤 태도로 종말론적 삶을 살아가야 하겠는가?

1) 다음 성경 말씀을 통해 종말을 사는 예수님의 제자가 붙잡아야 할 삶의 자세를 찾아보라.

• 마태복음 24장 43~44절

• 베드로전서 4장 7~10절

• 야고보서 1장 12절

• 마태복음 24장 14절

2) 성경의 종말론은 우리가 예수님의 제자로서 어떻게 살아야 하는지 분명하게 교훈한다. 이런 도전을 가슴에 품고 종말론적인 삶을 살아가는 우리에게 하나님은 어떤 약속을 주시는가?(딤후 4:7~8, 히 2:18, 계 7:17)

• 디모데후서 4장 7~8절

• 히브리서 2장 18절

• 요한계시록 7장 17절

당신은 "마라나타"라고 기도하며 주님의 재림을 고대했던 초대교회 성도들처럼 종말을 고대하고 있는가? 이번 과를 통하여 종말에 대한 당신의 이해가 어떻게 바뀌게 되었는지 정리해보라. 그리고 예수님의 온전한 제자로서 종말론적 삶을 어떻게 살아갈지 결단해보라.

종말론은 예수 그리스도만을 의지하는 우리의 믿음이 옳다고 확증해주는 교리이다. 마침내 우리의 믿음을 인정하고 위로해주실 것이라는 확신을 주는 놀라운 진리이다. 끝까지 자만할 수 없게 하며 주님만을 의지하게 한다. 그렇기 때문에 오직 예수 그리스도의 십자가 복음을 위해 기쁘게 살도록 하는 소명의 궁극적인 근거이다. 한마디로 성경이 말하는 종말론이 아니면 예수님의 온전한 제자의 삶은 완성될 수 없다.

성경이 말하는 종말에 관한 가르침의 가장 분명한 증거는 예수 그리스도의 십자가와 부활이다. 오직 예수님 안에서 인간은 죽음을 이기는 영생의 길을 갈 수 있다. 하나님의 구원은 실패할 수 없다. 그 승리를 최종적으로 확고부동하게 가르쳐주는 교리가 바로 종말론이다. 그래서 초대교회 성도들은 예수님이 천년왕국 이전에 오시는지 이후에 오시는지에 대한 관심보다는 "내가 진실로 속히 오리라"는 주님의 약속을 붙잡고, "마라나타", "주 예수여 오시옵소서"(계 22:20)라고 간구하며, 종말론적 시각으로 삶과 역사를 바라보면서 제자의 길을 갔다. 주님을 뒤따라 나선 우리도 가야 할 그 길 말이다.

8과

사람에게는 진심으로, 하나님께는 전심으로

우리는 지금까지 성경이 말하는 교리를 다루었다. 성경의 진리를 체계화한 교리는 예수 그리스도의 온전한 제자로 살기를 소원하는 우리에게 마치 건물의 기둥과 같은 역할을 감당한다. 우리가 교리를 공부하는 목적은 예수님의 제자로서 우리의 인격과 삶이 더욱 온전하게 성숙되게 하기 위해서이다.

이런 목표에 도달하기까지 간과해서는 안 되는 성경의 가르침이 있다. 그것은 바로 사랑이다. 하나님이 사랑이시고, 온전한 제자의 목표도 주님을 따라 사랑하는 사람이 되는 것이다. 사랑 없는 제자훈련은 아무 유익이 없다. 하나님을 예배하는 것도, 하나님께 순종하는 것도, 복음을 위해 사는 것도, 훈련의 목표인 재생산도 사랑으로 이루어져야 한다.

제자훈련 II권을 마무리하는 이번 과의 목표는 두 가지다. 첫째는 "하나님은 사랑이시라"는 진리를 재확인하고 우리의 마음과 영혼에 하나님을 향한 전심의 사랑을 새겨 넣는 것이다. 둘째는 하나님의 사랑을 본받아 우리가 진심으로 이웃을 사랑하는 사람이 되는 것이다. 이 거룩한 초대에 동참하고 싶지 않은가?

01 II권에서 배운 모든 교리들 가운데 무엇이 가장 중요한지 예수님께 묻는다면 무엇이라고 대답하실까? 다음의 말씀을 통해 생각해보라.

1) 마가복음 12장 28~31절을 간단히 요약해보라.

• 마가복음 12장 28~31절

2) 예수님의 대답(막 12:29~31)은 결국 무슨 뜻인가? 당신은 예수님의 말씀에 진심으로 동의할 수 있는가?(참고 마 22:40, 롬 13:10)

• 마태복음 22장 40절

• 로마서 13장 10절

02

예수님은 사랑을 "온 율법과 선지자의 강령"이라고 말씀하셨다. 요한1서 4장 7~10절을 통해 성경이 말하는 사랑에 대해 좀 더 깊이 있게 나누어 보자.

1) 본문은 하나님을 어떤 분으로 소개하는가?(요일 4:7~8)

- 요한1서 4장 7~8절

2) 하나님이 사랑이시라는 것은 어떻게 증명되는가?(요일 4:10, 참고 롬 5:8)

- 요한1서 4장 10절

- 로마서 5장 8절

3) "하나님은 사랑이시라"는 이 중요한 진리는 심판과 죽음에 처한 자격 없는 인간을 구원하시는 것으로 증명된다. 당신은 그 사랑을 입은 사람인가? 그 사랑을 누림으로 당신의 삶에 일어난 변화가 있다면 나누어보라.

03

독생자를 화목제물로 주셔서 사랑을 증명해주신 하나님이 구원 얻은 우리에게 요구하시는 삶은 무엇인가? 로마서 12장 9~15절을 중심으로 살펴보라.

1) 본문이 말하는 사랑의 모습은 어떤 것인지 정리해보라.

- 로마서 12장 9~15절

2) 이 본문을 읽고 당신은 무엇을 느끼는가? 이 본문의 교훈은 당신이 지금까지 이해했던 사랑과 어떤 차이가 있는가?(참고 요일 4:20)

• 요한1서 4장 20절

3) 본문에서 가르치는 사랑의 모습 중에서 당신에게 가장 부족한 것은 무엇이라고 생각하는가? 이 부족함을 채우기 위해 당신이 해야 할 것은 무엇인가?

04

제자들과 함께했던 최후의 만찬에서 예수님이 하신 말씀은 오늘을 사는 우리에게도 많은 교훈을 준다. 다음 말씀에서 예수님이 주시는 교훈을 깊이 새겨보자.

1) 요한복음 13장 34~35절을 읽으라. 예수님이 십자가를 지시기 전, 앞으로 고난과 핍박 중에도 주님을 따라야 하는 제자들에게 주신 가르침의 핵심은 무엇인가? 예수님은 왜 이와 같은 가르침을 주셨다고 생각하는가?

• 요한복음 13장 34~35절

2) 우리가 서로 사랑하면 사람들이 우리가 예수님의 제자라는 것을 알게 된다는 말씀은 무슨 뜻인가? 이 말씀에서 당신은 무엇을 느끼는가? (요일 4:12)

• 요한1서 4장 12절

05

이 과를 통해 당신이 가장 중요하게 깨달은 것은 무엇인지 나누어보라. 그리고 제자훈련을 시작할 때에 비해 지금 당신의 모습은 어느 정도 변했는지 돌아보라. 남은 훈련 기간 동안 더 변화될 모습을 기대하면서, 특별히 집중하고 싶은 당신의 인격과 삶의 영역은 무엇인지 생각해보고 나누라.

"하나님의 사랑은 결코 이기적이지 않다. 언제나 희생적이다. 우리가 하나님의 원수일 때 하나님이 우리를 사랑하셨다. 그분에게서 도망쳐 달아나 버린 우리를 너무나 사랑하셔서 우리가 영원한 생명을 얻을 수 있도록 가장 사랑하는 아들을 희생시키셨다. 사랑은 하나님의 본질이다. 또 하나님의 사랑을 받고도 그분을 사랑하지 않은 우리를 위해 하나님이 하신 모든 일의 동기이다. 이것을 깨닫는다면 우리의 일상은 꽤 달라질 것이다."

– 《내겐 너무 작은 하나님》(브루스 & 스탠, 두란노) 24쪽

성경은 율법을 '하나님 사랑'과 '이웃 사랑'으로 요약한다(막 12:30~31). 또한 성경은 사랑이 율법의 완성이라고 말씀한다(롬 13:10). 사랑은 모든 것을 온전하게 하는 것이다. "이 모든 것 위에 사랑을 더하라 이는 온전하게 매는 띠니라"(골 3:14). 제자의 길은 사랑의 길이다. 사랑하는 것이 사명이요, 사랑하는 것이 믿음이다. 그래서 교회 공동체는 사랑의 공동체이다. 사람에게는 진심으로, 하나님께는 전심으로 사랑하는 공동체이다.

부록

훈련성경읽기표

성경 암송 구절 및 훈련큐티 본문

과제물 점검표

훈련 주차	성경	월	화	수	목	금	토
1	창세기	창 1-11장	창 12-20장	창 21-30장	창 31-40장	창 41-45장	창 46-50장
2	마태복음	마 1-7장	마 8-13장	마 14-18장	마 19-22장	마 23-25장	마 26-28장
3	출애굽기	출 1-10장	출 11-18장	출 19-24장	출 25-31장	출 32-36장	출 37-40장
4	마가복음	막 1-3장	막 4-6장	막 7-9장	막 10-12장	막 13-14장	막 15-16장
5	레위기	레 1-5장	레 6-10장	레 11-15장	레 16-19장	레 20-24장	레 25-27장
6	누가복음	눅 1-4장	눅 5-8장	눅 9-12장	눅 13-16장	눅 17-21장	눅 22-24장
7	민수기	민 1-6장	민 7-12장	민 13-19장	민 20-24장	민 25-30장	민 31-36장
8	요한복음	요 1-3장	요 4-6장	요 7-10장	요 11-12장	요 13-17장	요 18-21장
9	신명기	신 1-4장	신 5-10장	신 11-16장	신 17-23장	신 24-28장	신 29-34장
10	여호수아	수 1-6장	수 7-12장	수 13-17장	수 18-20장	수 21-22장	수 23-24장
11	사사기, 룻기	삿 1-5장	삿 6-9장	삿 10-12장	삿 13-16장	삿 17-21장	룻 1-4장
12	사도행전	행 1-5장	행 6-12장	행 13-15장	행 16-18장	행 19-22장	행 23-28장
13	사무엘상, 하	삼상 1-10장	삼상 11-20장	삼상 21-31장	삼하 1-10장	삼하 11-18장	삼하 19-24장
14	로마서	롬 1-3장	롬 4-6장	롬 7-8장	롬 9-11장	롬 12-14장	롬 15-16장
15	열왕기상, 하	왕상 1-8장	왕상 9-16장	왕상 17-22장	왕하 1-8장	왕하 9-17장	왕하 18-25장
16	역대상	대상 1-5장	대상 6-10장	대상 11-16장	대상 17-20장	대상 21-26장	대상 27-29장
17	역대하	대하 1-6장	대하 7-10장	대하 11-16장	대하 17-21장	대하 22-28장	대하 29-36장
18	고린도전후서	고전 1-6장	고전 7-12장	고전 13-16장	고후 1-4장	고후 5-9장	고후 10-13장
19	에스라, 느헤미야, 에스더	스 1-6장	스 7-10장	느 1-7장	느 8-13장	에 1-5장	에 6-10장
20	욥기	욥 1-7장	욥 8-14장	욥 15-21장	욥 22-28장	욥 29-37장	욥 38-42장
21	시편1-50편	시 1-10편	시 11-19편	시 20-27편	시 28-34편	시 35-41편	시 42-50편
22	시 51-100편	시 51-60편	시 61-68편	시 69-72편	시 73-80편	시 81-89편	시 90-100편
23	시 101-150편	시 101-110편	시 111-118편	시 119-120편	시 121-130편	시 131-140편	시 141-150편
24	잠언	잠 1-5장	잠 6-10장	잠 11-15장	잠 16-20장	잠 21-25장	잠 26-31장
25	갈라디아서	갈 1장	갈 2장	갈 3장	갈 4장	갈 5장	갈 6장
26	전도서, 아가서	전 1-3장	전 4-6장	전 7-9장	전 10-12장	아 1-4장	아 5-8장
27	에베소서,빌립보서, 골로새서	엡 1-2장	엡 3-4장	엡 5-6장	빌 1-4장	골 1-2장	골 3-4장

훈련 주차	성경	월	화	수	목	금	토
28	데살로니가전후서, 디모데전후서, 디도서,빌레몬서	살전 1-5장	살후 1-3장	딤전 1-6장	딤후 1-4장	딛 1-3장	몬 1장
29	이사야 1-39장	사 1-6장	사 7-12장	사 13-23장	사 24-27장	사 28-34장	사 35-39장
30	이사야 40-66장	사 40-43장	사 44-47장	사 48-52장	사 53-57장	사 58-62장	사 63-66장
31	예레미야 1-30장	렘 1-5장	렘 6-10장	렘 11-15장	렘 16-20장	렘 21-25장	렘 26-30장
32	예레미야 31-52장, 예레미야애가	렘 31-35장	렘 36-40장	렘 41-45장	렘 46-49장	렘 50-52장	애 1-5장
33	에스겔 1-30장	겔 1-5장	겔 6-10장	겔 11-15장	겔 16-20장	겔 21-25장	겔 26-30장
34	에스겔 31-48장, 다니엘	겔 31-35장	겔 36-39장	겔 40-44장	겔 45-48장	단 1-6장	단 7-12장
35	호세아,요엘,아모스, 오바댜,요나,미가	호 1-14장	욜 1-3장	암 1-9장	옵 1장	욘 1-4장	미 1-7장
36	히브리서,야고보서	히 1-2장	히 3-4장	히 5-7장	히 8-10장	히 11-13장	약 1-5장
37	나훔,하박국,스바냐, 학개,스가랴,말라기	나 1-3장	합 1-3장	습 1-3장	학 1-2장	슥 1-14장	말 1-4장
38	베드로전후서, 요한1-3서,유다서	벧전 1-5장	벧후 1-3장	요일 1-5장	요이 1장	요삼 1장	유 1장
39	요한계시록	계 1-3장	계 4-7장	계 8-11장	계 12-14장	계 15-18장	계 19-22장

권	과	제목	성경 암송 구절	훈련큐티 본문
훈련개강 수양회 (MT)	1과	내 삶에 대한 자기소개서		
	2과	나의 신앙고백과 간증		
	3과	큐티워크숍		
I권 온전한 제자의 기초	1과	왜 온전한 제자인가	엡 4:13, 슥 4:6b	엡 4:13~16
	2과	온전함에 이르는 길, 십자가	갈 6:14, 막 10:45	막 10:35~45
	3과	성경은 영혼의 양식	마 4:4, 수 1:8	사 55:1~5
	4과	기도는 영혼의 호흡	마 6:33, 빌 4:6~7	마 6:5~8
II권 온전한 제자의 교리	1과	성경이란 무엇인가	딤후 3:16, 벧후 1:21	마 5:17~20
	2과	하나님은 누구신가	사 43:1, 대상 29:11	대상 29:10~14
	3과	성경이 말하는 인간 이해	롬 3:23, 고후 5:17	창 1:24~28
	4과	유일한 구원자 예수 그리스도	롬 4:25, 계 3:20	골 1:15~23
	5과	가장 위대한 선물, 구원	엡 2:8~9, 딛 3:5	엡 2:1~10
	6과	성령 하나님	고전 3:16, 갈 5:22~23	요 3:1~8
	7과	종말론 이해	마 24:14, 히 2:18	마 24:34~44
	8과	사람에게는 진심으로, 하나님께는 전심으로	롬 5:8, 요 13:34~35	막 12:28~34
III권 온전한 제자의 삶	1과	보냄 받은 제자	마 4:19, 요 20:21	눅 9:28~33
	2과	제자의 온전한 생각 : 세계관	롬 11:36, 엡 4:22~24	마 5:1~12
	3과	제자의 온전한 감정	창 50:20, 엡 4:32	창 50:15~21
	4과	제자의 온전한 관계	요일 3:18, 약 2:17	눅 10:25~37
	5과	제자의 온전한 행실 1 : 언어 생활	잠 4:23, 엡 4:29	눅 6:43~45
	6과	제자의 온전한 행실 2 : 돈과 재물	마 6:24, 빌 4:11	눅 12:13~21
	7과	제자의 온전한 예배	요 4:24, 롬 12:1	요 4:19~26
	8과	제자의 온전한 가정 1	창 2:18, 엡 5:21	창 2:18~25
	9과	제자의 온전한 가정 2 : 신앙 계승	히 11:6, 히 12:2	히 11:32~38
	10과	제자의 온전한 일과 일터	창 1:28, 마 5:16	마 25:14~30
	11과	제자의 온전한 선교	행 1:8, 딤후 4:2	요 17:15~19
	12과	십자가를 지는 유일한 길, 자기부인	골 1:28, 고후 10:5	눅 14:25~33

※ 과제물을 빠짐 없이 했을 때: O / 일부만 했을 때: △ / 전혀 하지 못했을 때: X

훈련일	교재 내용	예습	성구 암송	훈련 큐티	성경 통독	독서 과제	기도 생활	생활 과제	WEEKLY 제자의 삶 돌아보기	신앙 일기	성도의 교제

국제제자훈련원은 건강한 교회를 꿈꾸는 목회의 동반자로서 제자 삼는 사역을 중심으로 성경적 목회 모델을 제시함으로 세계 교회를 섬기는 전문 사역 기관입니다.

제자훈련 2.0 Ⅱ

온전한 제자의 교리

초판 1쇄 발행 2024년 11월 1일
초판 2쇄 발행 2025년 12월 30일

지은이 오정현
디자인 박세미 **일러스트레이션** 이재숙

펴낸이 박주성
펴낸곳 국제제자훈련원
등록번호 제2013-000170호(2013년 9월 25일)
주소 서울시 서초구 효령로 68길 98 (서초동)
전화 02-3489-4300 **팩스** 02-3489-4329
이메일 dmipress@sarang.org

ISBN 978-89-5731-908-6 04230

※ 독자의 의견을 기다립니다.